EU ODEIO ADVOGADOS

COMO ENCONTRAR O SEU A PARTIR DAS MELHORES HISTÓRIAS

Niver Bossle Acosta

Capa e linha visual: Gabriella Malta e Marcelo Bossle

Fotografia: Jacques Dequeker

Produção: Ju Dequeker e Max Weber

Logotipia: Carace Cabrera

Diagramação/ Revisão: Equipe Lella Malta

Preparação literária: Lella Malta

Dados Internacionais de Catalogação na Publicação (CIP)
(Câmara Brasileira do Livro, SP, Brasil)

Acosta, Niver Maria Bossle
    Eu odeio advogados : como escolher um bom profissional a partir das melhores histórias / Niver Maria Bossle Acosta. -- São Paulo, SP : Ed. da Autora, 2022.

    ISBN 978-65-00-45957-9

    1. Advogadas - Autobiografia 2. Direito como profissão I. Título.

22-112513   CDD-923.4

Índices para catálogo sistemático:

1. Advogadas : Autobiografia   923.4

Eliete Marques da Silva - Bibliotecária - CRB-8/9380

—

Para aqueles que, por estigma social, resistem
em confiar nos profissionais que defendem
interesses particulares.
Para advogados que merecem um novo olhar.

—

SUMÁRIO

- 7 -

PREFÁCIO

Eu sou amiga da Niver há quase três décadas. Eu sou a "melhor e mais coerente amiga" referida no livro (estou com cara de eu te amo agora).

Nós crescemos juntas. Eu não só li, mas assisti e participei dessa história.

Eu também me transformei com ela. Quer uma notícia de bastidores? A Niver sempre chega lá. Sempre! Ela acredita em si mesma sem desacreditar do outro. É empática, respeita os seus valores, é cuidadosa com todos e não se apequena com o não. Ela faz quantas curvas forem necessárias. Sem cara feia, sem perder a motivação. É claramente uma pessoa madura que, ao invés de reclamar, entende que desafios são parte da jornada. Niver é hábil em delinear o caminho mais ético e mais macio possível. Ela é imparável. O que tem de linda, gentil e delicada, tem de inteligente, potente e ética. Ela é apaixonante! O mundo seria um lugar ainda melhor com mais 'Nivers' por aí. Se bem que elas poderiam se chamar Patrícia, Carolina ou Daniela — sei do trabalho que ela passa por ter esse nome tão único!

Minha melhor amiga escreveu um livro (estou com a cara de cheia de orgulho), e ele suscitou em mim muitas ponderações. A começar, refleti que o que odiamos também é bússola. Sentimentos dão valência ao que vivemos, delineando fronteiras, tornando visíveis nossos desejos, limites e possibilidades.

Odiar advogados é apenas um elemento dessa história. Neste livro, você encontrará uma tapeçaria multimodal que tece, com fios de persistência, elementos como propósito, visão ampliada, autoconhecimento e soft skills. Uma tapeçaria na qual é possível sentir a textura de muitas emoções experienciadas por meio de pequenos recortes de história.

Não leia com inocência!

Travestido de narrativa, esse livro é, na verdade, um convite para um passeio reflexivo. Ao olhar a história do outro, seus pontos de dor, suas epifanias e os caminhos trilhados, você poderá aceitar o convite para se olhar em perspectiva. O que você odeia? Você está no seu lugar? Qual é o seu propósito? O que é de fato justo? Como você lida com os obstáculos? Como as suas habilidades podem contribuir para seu bem-fazer? Presenteie-se com a experiência de olhar para dentro de você!

Lendo, me dei conta de que nem tudo nos serve como nos chega, mas histórias nos inspiram a ir além. Histórias ampliam nosso repertório para encontrarmos caminhos menos óbvios e mais consonantes com o que faz um sentido profundo para nós. Boas histórias somadas a bons leitores são medicinais.

Meu melhor abraço,
Ana Rizzon

PRÓLOGO

Por que tubarões não atacam advogados?

Historicamente, o advogado é visto como profissional esperto, perspicaz e persuasivo e, por isso, alguém que não é necessariamente digno de confiança. Afinal, tais habilidades, aliadas ao amplo conhecimento da lei, dariam condições de enrolar seus adversos e até seus próprios clientes. Alguns, inclusive, estariam sempre prontos para tirar proveito pessoal de qualquer situação.

Por isso, as velhas piadinhas envolvem o mundo da advocacia e, vez ou outra, fazem alguém dar uma risada por aí. Eu mesma já ri muito, já fiz piadas e já sofri com o julgamento baseado em evidências alheias.

Fato é: muitos profissionais reforçam o estereótipo vigente.

O bom advogado, no entanto, precisa compilar conhecimento e habilidades, sendo articulado e ético, a fim de conduzir com excelência as demandas que representa. Fazendo isso, não permitirá que seu cliente caia em ciladas, reforçando a confiança necessária para que o contratante não se sinta abocanhado.

O que torna um advogado diferente é a sabedoria em utilizar o rol de habilidades com lealdade sem ingenuidade, com potência e delicadeza. Essa é a linha tênue que divide as boas das más condutas profissionais.

Sobre advogados e tubarões, dizem por aí que a resposta é uma só: condescendência profissional, já que ambos são predadores.

Será?

1

ADVOGADOS NÃO SÃO CONFIÁVEIS

Cresci projetando esta máxima como verdade.

Era um agosto gelado. Nem o fogão a lenha conseguia dar conta da temperatura próxima a 0. Eu tinha 10 anos na época. Lembro-me do meu avô paterno com ombros caídos e uma lágrima escorrendo sobre o rosto. Olhando ao longe pela janela embaçada da umidade, ele contava sobre as dificuldades que havia passado na vida. Eu, menina, enquanto ouvia, montava o cenário na minha cabeça.

Minha avó estava morrendo. Diante do infortúnio da vida, a desassossegadora dúvida sobre como ele conseguiria salvar a esposa adoecida e, ao mesmo tempo, criar os três filhos da melhor maneira possível.

Como seguiria honrando com os custos de um tratamento caro, sem desonrar nenhum outro compromisso financeiro?

Meu avô era obstinado e aceitou a sugestão de um amigo para consultar um advogado. Diante do "estudado e doutor", sentiu o alívio de quem encontra uma saída. Conferiu ao profissional poderes para a venda de propriedades rurais amealhadas com o suor dos antepassados da esposa adoecida. Na sua inocência de homem do interior, viu nisso a solução que pagaria o tratamento raro e caro que daria chance de vida à minha avó.

A "cidade grande". Só lá o tratamento era disponível. Em meio a mudança às pressas e a saúde da minha avó que se esvaía, experimentou desespero e impotência enquanto o patrimônio acumulado por gerações, era negociado ao interesse de pessoas que se revelaram gananciosas e sem princípios.

Um advogado habilidoso, se valendo da inocência do meu avô e da distância que facilitava a intencional falta de comunicação, negociou de forma duvidosa a propriedade daqueles bens herdados.

Quase tudo se foi.

Minha avó faleceu muito jovem. Não sobrou patrimônio nem recursos em espécie. Restou apenas um homem prematuramente viúvo e deprimido, a casa onde moravam na cidade, três filhos menores de idade para criar e a certeza de que não bastava ser honesto.

Muitos anos se passaram e, aparentemente, o único bem restante daquele acervo conquistado com suor e luta por gerações, foi uma pequena casa de madeira construída em meados de 1940, o lar do meu avô e dos 3 filhos. Assim, viveu dedicado aos descendentes, mas a nenhum outro amor.

Mais tarde, os filhos cresceram, alguns seguiram outros caminhos e a casinha continuou sendo seu lar, Agora, no entanto, em companhia da terceira geração: meus pais, meus irmãos e eu. Foi nessa casa em que cresci. Ela é palco das minhas melhores lembranças de infância.

Em 1989, meu avô faleceu. O tempo passou sem que os herdeiros se preocupassem em dividir tão singelo bem. Os personagens daquele enredo familiar seguiram o curso de suas vidas, enquanto meus pais continuavam lá, na casinha.

Onde eu entro nisso?

Durante aquele tempo, eu projetava a mesma verdade ácida e dolorida: que meu avô tinha sido passado para trás pela façanha de um advogado sorrateiro. Com a perda daquele patrimônio valoroso, a vida do meu avô e, consequentemente, dos filhos dele, foi mais difícil do que deveria ser. Tudo por culpa de um advogado.

Ao longo da vida, essa história visitava minha memória tingida em um tom de inconformidade. A sensação era de inquietude diante da possibilidade dessa injustiça ser reparada.

Me formei advogada, e a capacidade de compreender o que havia acontecido apareceu, não envolta em meu diploma, mas com a experiência que adquiri ao longo da jornada. Cada passo materializava, por meio da minha conduta, uma postura profissional oposta à da minha primeira referência jurídica.

O desassossego sempre me motivou a agir e, quando já compilava habilidade para decifrar documentos, dei ouvidos ao que minha inquietude sinalizava e fui revirar a papelada guardada pela família. Observei um movimento sucessivo de compra e venda de terras por um valor, que se atualizado, seria pífio para a transação. Nada que se pudesse discutir, apenas lamentar. Mas isso não foi suficiente para eu virar a página, ainda havia uma inconformidade em meu interior.

Talvez fosse só a projeção da revolta ou um sinal para desatar o nó, ignorado por décadas. Entretanto, a obstinação me foi presenteada como herança. Segui inquieta.

Todos falavam das terras vendidas herdadas pela minha avó — mas e meu avô? Pensei que poderia iniciar uma busca em seu nome, já que naqueles documentos guardados, não havia nada sobre ele. Literalmente, viajei e bati na porta do pequeno Cartório de Registro de Imóveis da cidade onde meus avós nasceram.

Me senti forasteira passando pelas ruelas ainda sem asfalto. Os moradores olhavam pela janela intrigados com a minha presença. As expressões comunicavam uma pergunta silenciosa: qual seria o propósito da visita dessa estrangeira na cidade?

O cheiro do campo, o barulho do cascalho, vento fresco e puro... Tudo recordava o passado. Eu procurava o cartório, mas fui encontrada por memórias da minha infância.

O estabelecimento era uma casinha pequena com a singela placa sinalizando a entrada. Na parede, prateleiras cheias de livros e poeira *'dançando'* entre os raios do sol do fim da tarde. O som abafado, daqueles rádios sintonizados manualmente, tocava a *playlist* de uma emissora típica do interior. Meu coração, descompassado, estranhava a lentidão com que o tempo parecia caminhar ali.

O atendente me recebeu com o olhar intrigado de quem tenta compreender por qual razão uma pessoa estranha estava à sua frente, perguntando sobre documentos que jaziam em caixas esquecidas pelo tempo, revirando o que há muito já se foi.

Expliquei a necessidade de procurar os registros em nome do meu avô, mesmo que o papel daquela atividade fosse o de dar publicidade a atos de interesse público. O homem insistia para que eu voltasse outro dia, aguardando o tempo que ele precisava para encontrar as informações que eu demandava. O convenci, não no discurso, mas com a verdade que saía de mim — gentil, firme e precisa. Uma verdade cultivada por minha intuição desde os meus 10 anos de idade.

Tive acesso a verdadeiras relíquias. Livros muito antigos escritos à mão, por invejável caligrafia.

Imagine buscar informações em manuscritos com várias centenas de páginas... Registros e mais registros imobiliários de anos remotos.

Já no segundo livro, localizei o nome do meu avô e

uma significativa informação: ele havia recebido, por sobrepartilha[1] de seus pais, hectares de terras enquanto vivia a difícil vida de um humilde e jovem viúvo na cidade grande.

Depois de algumas semanas, já tinha em minha posse as certidões atualizadas. Lá estava a mais plena propriedade de terras em nome do meu avô. Um homem que faleceu na escassez, sem saber que era dono de uma área gigante de campo e mato.

Que notícia maravilhosa!

Será mesmo?

Na minha inocência de neta justiceira, senti esse episódio como uma reviravolta surpreendente. Em minhas mãos, estavam documentos que atribuíam a meu avô patrimônio suficiente para reparar a angústia sentida por anos e gerações.

Contudo, o que é cristalino para uns, não é para outros.

Nas diferentes lentes que mostram as distintas 'verdades', existe um mundo de dúvidas. Ao comunicar a descoberta aos interessados distantes, a crença familiar da qual eu também fora impactada, levantou seus escudos protetivos.

Não era só eu quem odiava advogados. Minhas genuínas e bem- intencionadas sugestões sobre os passos para concretizar a benesse, foram vistas com descrédito.

Ser advogado passou a ser um rótulo que vinha antes de mim.

---

1   É uma nova partilha dos bens que por algum motivo não foram partilhados no processo de inventário.

Advogados não merecem confiança.

Os desdobramentos dessa história estão longe do fim — da mesma forma que parece não ter fim o estigma social do advogado que "não dá ponto sem nó".

Seria eu, uma advogada digna de confiança?

Ao escolher um advogado, opte por alguém que esteja determinado a **resolver** a situação, e não alguém que se concentre em transformar o conflito em uma guerra sem fim.

2

O DIREITO

Nunca passou pela minha cabeça cursar Direito. Psicologia me parecia uma opção muito mais... *Interessante*.

Quando menina, sonhava em voar por aí como uma comissária de voo.

Mais tarde, ao concluir o Ensino Médio, prestei vestibular para duas graduações completamente distintas: Moda e Estilo e Fonoaudiologia. *Dá para perceber que eu estava completamente perdida, não é mesmo?*

Optei por cursar essa última e, já no primeiro semestre, foi claro perceber que havia distância entre o que eu achava que queria e o que era de fato uma habilidade inata a ser seguida. Por sorte, fui socorrida pela minha melhor e mais coerente amiga, que me submeteu a um teste vocacional.

Naquela fase, a Psicologia foi sugerida como minha primeira opção. Em seguida, ocupando o segundo lugar, Direito ganhava espaço como escolha racional, *pé no chão*.

Psicologia era um curso vespertino e demandava bastante tempo durante o dia, algo que eu não tinha. Eu precisava trabalhar para pagar a conta de uma faculdade nada acessível para o meu bolso.

Sim, a realidade bateu cedo em mim. Meus pais diziam ter cumprido seu dever de me conduzir até o fim do Ensino Médio.

— Filhinha, você é capaz de fazer e honrar suas escolhas. Estaremos aqui se precisar recuar — me encorajavam.

No fundo, eles sabiam que a falta de recursos da família não seria um obstáculo em minha trajetória. Apostaram nisso, e era tudo que eu precisava saber!

Agi, então, pela razão, movimento que me trouxe até aqui. Ainda que meu coração tenha gritado alto vez ou outra ao longo da caminhada.

Sempre tive certeza de que trazia comigo uma habilidade natural para lidar com as emoções e solucionar problemas alheios.

O teste vocacional apenas apontou o que a vida me provaria mais tarde.

Antes disso, pela falta de autoconhecimento, típico da juventude, eu sequer conseguia imaginar qual seria o meu propósito.

Qual potencial carregava dentro de mim? Qual força me movia? Em qual direção deveria seguir?

Como aluna, me auto julgava medíocre.

Pulei entre as séries sem qualquer preocupação com os estudos. Eu não era a garota do fundão, mas estava longe de ser a primeira da fila. O perfil gentil, solidário e amigo me ajudou, eu nutria a simpatia dos professores.

Assim, fui fazendo amigos, conquistando pessoas e tecendo minha rede de relacionamentos, o que sempre foi muito importante na minha vida. Mas a qualidade do meu *approach,* não fazia com que eu tirasse boas notas. Na recuperação, sempre havia espaço para mim e, por isso, eu tinha pavor dos estudos.

Tanto é que, quando comecei a vida acadêmica, sonhava repetidamente que o professor de matemática do colégio, batia na porta da sala da faculdade para me buscar.

— Volte para o colégio, Niver! Sua aprovação foi um erro! *Que pesadelo!*

É claro que eu tinha méritos, mas o senso de justiça me obrigava a reconhecer que eu não estava dando tudo de mim naquela época. Talvez por isso, o sonho recorrente me punia pelo chamado do *"Bozo"*, gentil apelido conferido ao professor de matemática daquela época.

Já na graduação, fui mais determinada. Consegui um estágio na Defensoria Pública, na vara do júri. Estudava à noite e trabalhava durante o dia diretamente com crimes contra a vida: a primeira grande e significativa exposição à realidade de quem trabalha com direito.

E foi ali, entre um atendimento e outro, que fui chamada pela primeira vez de *doutora.*

— Doutora!

Escutei o prefixo enquanto vestia uma espécie de manto sagrado, empoderando a minha alma e projetando minha gloriosa carreira profissional ao sucesso.

Ao ouvir pela primeira vez isso, nada mais importava, nem o fato de eu estar cursando ainda o 4º semestre do curso de direito. Isso era mero detalhe.

Certo dia, acompanhei o defensor em uma visita ao complexo penitenciário industrial de Caxias do Sul. Encarnando a Deusa da Libertação, tive o meu primeiro grande aprendizado prático na área. O apenado, que se dedicava ao estudo do direito e buscava uma progressão de regime, me deu uma verdadeira aula de processo penal. Ele não só interpretou a lei como citou, sem ajuda de livros, os artigos que eu sequer havia lido. Percebi, então, que não bastava ser chamada de doutora.

O chamamento impunha a minha pessoa autoridade sem fazer juízo de valor. Advogados se chamam assim, é só escutar!

A origem se deu pela benesse de Dom Pedro I, que em 1825 decretou que quem concluísse o curso de direito ou medicina, deveria ser chamado de Doutor.

Então, eu estava longe de merecer a distinção!

Ainda na Defensoria Pública, tive contato com a rotina da vara de família. Era responsável pela triagem de quem poderia usufruir do serviço gratuito e me via constantemente analisando o comportamento das pessoas.

Certa vez, cheguei a intervir em uma troca de agressões entre um casal que, mais do que o desejo de assinar o divórcio, estava em um impasse ferrenho para decidir quem ficaria com um único bem partilhável entre eles: um CD autografado da dupla Chitãozinho e Xororó.

Acredite, era apenas um CD!

Imagine a cena. O homem estava com o filho pequeno no colo e a mulher o enchia de tapas nos braços. A criança chorava assustada, enquanto os seguranças tentavam conter o casal.

Naquele dia, tive a certeza de que o direito de família não era para mim. Eu reconhecia a necessidade de me dedicar mais para poder garantir o processo justo ou a liberdade de alguém. Feito isso, seria então a melhor e mais bem-sucedida criminalista da cidade.

Se o destino fosse uma pessoa, gargalharia diante de mim!

No 7° semestre, veio a oportunidade de passar um ano fora do país. Agarrei com vontade a chance de aprender um idioma e me conectar com o mundo, ultrapassando, enfim, as fronteiras de Caxias do Sul.

Entusiasmada, tranquei o curso de Direito e segui rumo aos Estados Unidos. Lá, já na chegada, senti na pele a dificuldade na comunicação. Eu, que amava me conectar, estava impedida pela barreira do idioma. Pudera! Eu nunca havia estudado inglês na vida.

Em minha ingênua lógica, as dificuldades seriam resolvidas no improviso, como eu havia feito nos anos escolares — *tinha dado certo, não tinha?*

Eu era uma mistura, em igual medida, de coragem e inocência, mas diante da falta de um repertório melhor, segui na espontaneidade e fui *empurrando com a barriga.*

Poucos dias após a minha chegada, presenciei a briga entre duas mulheres no trânsito. Uma, desatenta, bateu na traseira da outra que estava desacelerando no sinal amarelo. Após a colisão, ambas saíram dos seus carros e, com cara de poucos amigos, começaram a se ofender. A reciprocidade escalou da ofensa verbal à agressão física. No embate corporal eminentemente feminino, testemunhei gritos, arranhões e puxões de cabelo. Eu lá, atenta à cronologia.

Exatos três minutos após o início do incidente, chegou uma viatura com policiais que detiveram as moças. Algemadas, ambas foram *gentilmente* acomodadas no veículo.

Assisti a cena com a postura de quem estava entendendo tudo, afinal, eu sabia de quem era a culpa pela colisão e quem havia iniciado a agressão. Então, um daqueles policiais, ao me ver por perto, apontou em minha direção. Com caminhar altivo, expressão sisuda e voz grossa, veio falando coisas que até hoje custo traduzir.

Acredito que ele queria meu testemunho, mas minha ignorância idiomática teve o superpoder de fazer minguar a minha pose, substituindo a expressão determinada do policial, por desprezo.

Foi nesse mesmo dia que passei a me dedicar às aulas de inglês — *e que tirei da cabeça, de uma vez por todas, a ideia de ser uma criminalista.*

Era a necessidade trazendo a certeza que desmascarava decisões superficiais.

De doutora à incapaz. A ignorância, às vezes, pode ser uma dádiva. Nesse caso, especificamente, foi a ruína do castelo e a destruição completa do trono da Deusa da Libertação.

Estava me despindo gradualmente da onipotência juvenil, substituindo o colágeno por sabedoria, o autoconhecimento pela vivência.

Para autoconhecer, é preciso investigar as reações quando estamos expostos a fatos concretos, premeditados ou não, definindo potencialidades ou, até mesmo, descartando o que é inabilidade e, consequentemente, a mochila demasiadamente pesada para se carregar. É essa vivência que vai lapidando a nossa postura e a forma como queremos ser vistos pelo mundo.

Poucas semanas depois, já me comunicava o suficiente para trabalhar de garçonete em um restaurante da cidade. Com um nível intermediário de inglês e *accent*[2] predominantemente latino, tirei a *Driver License*[3].

A *"cucaracha"* recebeu a licença norte-americana para dirigir com condecoração!

Os meses foram passando e, após toda imersão multicultural, voltei ao Brasil.

Estava convicta a pegar o meu canudo!

Voltar para Caxias do Sul parecia uma derrota, então, fui para a capital, bancando sozinha a vida autônoma, no meu modelo particular de improviso com dose de sorte, sem espaço para o azar.

---

2   Sotaque.
3   Licença para dirigir.

Já nos portais da PUC[4] e, na certeza de que estágios não pagariam a conta do aluguel, prestação de carro e faculdade, fui indicada para trabalhar em uma sofisticada loja no comércio. Com o inglês mais afinado, o diferencial na época, iniciei a jornada no mercado de luxo.

Foi nessa escola, que eu realmente aprendi. Refinei meu saber sobre comportamento, sobre postura e sobre como agregar valor às coisas.

Quer ver um exemplo?

Eu poderia dizer que era vendedora de joias, mas a expressão mercado de luxo certamente confere ao cargo o prestígio que eu queria ter naquela posição. A forma como você fala, faz toda a diferença.

Em meio a sofisticação, aprendi a identificar o desejo, a capacidade, o propósito e as limitações das pessoas em uma conversa de poucos minutos. Escutei histórias felizes e tristes, fiz amigos, conheci afortunados.

Era um universo completamente diferente da vida simples que eu tinha. Pude acompanhar fortunas sendo investidas em uma joia, como quem compra um pão, e pessoas que galgavam posições expondo no corpo o luxo que não podiam bancar.

Presenciei pedidos de casamento, ajudei a preparar surpresas que eram mais prazerosas para quem dava do que para quem recebia... Ouvi verdades e mentiras. Aprendi a apreciar e a dar valor as coisas. Nesse meio tempo, formava a minha própria convicção sobre o que eu vivia ali.

Trabalhei muito, me dediquei muito — e, com habilidade

---

4   Pontifícia Universidade Católica.

em gerar boas receitas pela produtividade, atingi o sucesso nas vendas enquanto, paralelamente, batalhava pelo meu diploma.

Foi vivendo essas experiências, aparentemente sem associação com o direito, que aprendi e aperfeiçoei habilidades importantes, dominando uma arte valiosa que é hoje um dos meus maiores ativos como advogada.

Aprendi a vender.

Um bom negociador **conhece** a si mesmo, sabe identificar e manejar as suas próprias **emoções** seguro na **capacidade** de resolver conflitos alheios.

3

A PROFISSÃO

Advogada!

Como uma espécie de calendário de metas propostas pelo meu subconsciente, ao concluir a faculdade, passei no Exame da Ordem dos Advogados do Brasil e iniciei, imediatamente, a pós-graduação.

Com os recursos que recebi da rescisão de 6 anos de trabalho no mercado de luxo, me tornei sócia de um escritório de advocacia dedicado ao direito empresarial.

Era um escritório *boutique*. A chance veio pela indicação de alguém que via em mim potenciais que eu mesma, naquela altura, ainda não enxergava.

Ainda me questiono sobre as oportunidades que me foram colocadas ao longo da vida pelas conexões consistentes que fiz. Reflito sobre as decisões que tomei e que mudaram significativamente minha trajetória.

Quando criança, eu era muito feliz vivendo de forma simples. Brincava de jogar pó de cascalho em mim mesma quando o caminhão da prefeitura vinha despejar pedras na rua ainda sem calçamento. Era um evento!

Estudava em um colégio público do bairro, perto o suficiente para que minha mãe me levasse caminhando. Adorava a merenda da escola e ficava chateada quando não podia repetir a *polenta mole* que era servida em um prato de alumínio. Agora eu chamo esta mesma polenta de *creme de milho*.

Nossas bases mais sólidas e confiáveis, são frutos das nossas próprias experiências, e o futuro tem o mágico poder de tornar o passado um grande e valioso presente.

Diziam que eu tinha *aplomb*, postura herdada da minha avó materna, que jamais conheci. Ao menos esse era o relato dos parentes que tiveram a oportunidade de conviver com ela. Por conta da herdada naturalidade verbal e delicadeza gestual, me colocava na vitrine de uma condição que eu não tinha.

Eu ficava desmistificando para os outros a imagem que tachavam a mim de "patricinha." Quem não conhecia minha origem, pela minha polidez, achava que eu vivia um bom padrão, mas era pobre de *marré, marré, marré*.

Isso gerava certa dúvida nos outros e em mim mesma.

Volta e meia, me perguntava por qual razão não tínhamos uma condição de vida melhor. Nunca faltou o necessário, mas também nunca sobrou para alimentar as vontades de uma criança ou suprir os desejos de uma adolescente. Nas festas de aniversário, as guloseimas eram feitas pela minha mãe, e a diversão era a coloração da gelatina em copinhos plásticos de café, e no *plic plac* com cobertura de *Nescau*.

Meu sonho era ter uma piscina em casa. Então, menti para umas colegas da ginástica olímpica, enquanto elas falavam sobre a fineza de suas vidas.

— Sim, também temos piscina em casa — sustentei a mentira até ser desmascarada pela surpreendente visita delas na frente da minha casa.

Até hoje me lembro, rindo da cena que me fez murchar!

Madura, olho para a minha criança e vejo quanto rica ela era, naquela casinha de madeira, sem piscina alguma.

Então, concluir a faculdade foi realmente fugir de um padrão.

Formada, carregava a teoria, pouquíssima prática processual, mas uma grande dose de vontade. Foi com o dia a dia que percebi que o diploma apenas nos habilita a exercer uma profissão, mas não nos prepara para a vida profissional. Isso vem com o tempo, com a exposição e com os exemplos.

Já nos primeiros dias, ao ser designada para cobrir uma advogada em uma audiência trabalhista, experimentei o primeiro desastre na minha vida profissional. Confundi fórum e tribunal. Cheguei atrasada, deixando juiz e cliente me esperando. Não sabia sequer o lado da mesa que deveria ocupar. Sim, em audiências trabalhistas, existe o lado certo para nos sentarmos — *e eu não tinha lido essa cartilha de boas maneiras!* Na emoção da primeira audiência, e com embaraço pelo atraso, mal conseguia distinguir direita de esquerda.

Foi uma vergonha! Só conseguia pensar que, como cliente, eu jamais me contrataria, mas me agarrando à máxima de Brené Brown, *vulnerabilidade não é fraqueza*, dando a minha interpretação... Não desisti.

No escritório, trabalhávamos quase que exclusivamente com a área corporativa — que pode até ser vantajosa economicamente, mas não me fez experimentar a paixão pela advocacia empresarial.

Pude observar que prepostos quase nunca tinham autonomia, vontade ou margem para negociação. Percebi que a maioria dos processos judiciais se resumiam em um constante jogo de empurrar com a barriga: enquanto uns buscavam bens para execução, outros ocultavam patrimônio. E, para concluir, muitas vezes uma sentença *procedente* servia apenas para emoldurar, expondo na parede do escritório, o sucesso sem êxito.

Claro que essa não é uma verdade absoluta, mas o fato é: quanto maior a demanda, menor é a qualidade do trabalho. Escritórios maiores tendem a delegar mais e isso pode ser o motivo do retardamento de muitas soluções. Escritórios menores têm mais acesso ao cliente, mas são menos atrativos economicamente para eles.

Nosso escritório era pequeno. Trabalhávamos para poucos e selecionados clientes. Os casos eram sempre discutidos judicialmente, porque do outro lado, quase nunca havia disposição para tentar outras alternativas. Então, o jeito era dominar a técnica processual. Foi lá que tive a melhor e a mais paciente das professoras.

Assim, trabalhando, conheci o dia a dia do profissional do direito que não dorme para cumprir prazo processual, que trabalha anos envolvido em um caso, esperando a decisão do juiz togado.

Se a sentença for procedente, o advogado é bom, se improcedente, o advogado é ruim. Nessa métrica, se a vitória não vier, o êxito não vem, e o dinheiro também não. O risco é do advogado.

Foi nessa fase, que presenciei um episódio marcante. Saindo da sala de audiências, depois de um debate ferrenho, uma testemunha perguntou ao advogado adverso:

— Qual a diferença entre uma pulga e um advogado?

O advogado, desconsertado pela pergunta descabida, silenciou-se.

A testemunha, por sua vez, com sorriso de canto, respondeu:

— Um é parasita, o outro é inseto!

A forma mais eficaz para fecharmos um acordo vantajoso é fazer com que as partes se tornem **parceiras** obstinadas por esse resultado.

4

ÊXITO E FRACASSO

Escritório consolidado, canudo na mão, e a vontade de fazer acontecer.

Em meio aos primeiros trabalhos remunerados, sempre há o pedido de favor. Aquele que não recebeu do cliente, o que precisa se defender em um processo trabalhista ou, ainda, a companhia aérea que não ressarciu pelo cancelamento do voo. Os favores gravitavam em assuntos dos mais variados.

E não importa o quanto se reforce a área de atuação: advogados advogam!

Entretanto, quando há um pedido de urgência, não importa a matéria. Não pensei duas vezes. Aceitei o trabalho *pro bono*. Sem qualquer remuneração.

Pro bono é uma expressão de origem latina, que significa *para o bem*, muito utilizada no meio jurídico. É o trabalho de um profissional com habilitação, voltado para o bem do *público* e em benefício dele.

Então, atendendo o parente de uma amiga, realizei o meu primeiro trabalho voluntário.

O homem, que havia sofrido acidente vascular cerebral, estava internado no ambulatório de um centro de saúde do interior. Os plantonistas disseram que ele precisava ser imediatamente removido para uma UTI equipada, no entanto, não existiam leitos no hospital naquele lugar. Seria necessário removê-lo para uma outra cidade, onde o atendimento seria apropriado.

Na capital, as UTIs estavam lotadas e nenhum hospital aceitou receber o paciente. Então, com a ajuda de uma colega mais experiente na área, propus uma ação que foi exitosa. A decisão liminar do juiz foi favorável. *Ganhar é sempre bom, não é mesmo?*

Conseguimos que o juiz expedisse uma ordem de remoção imediata para um hospital que teria que receber o paciente. Ao dar a notícia para a família, a gratidão veio banhada a lágrimas, junto à expectativa de sobrevida do familiar.

E eu, em meio a tudo isso, feliz e ingênua!

Diligente, às pressas, viabilizei a remoção e em posse do mandado judicial, fui conversar com a diretora responsável pela UTI que estava obrigada a receber o paciente. Ao me apresentar como a advogada exitosa na façanha, fui recebida com gentileza, cordialidade e um porém.

— Parabéns, seu trabalho foi muito eficiente, doutora — elogiou, partindo para a área de atendimento, gesticulando para que eu a acompanhasse. — Agora, por favor, poderia escolher, dentre todos esses pacientes, quem eu devo retirar dos aparelhos para que o seu cliente ocupe um leito? Não há espaço para todos.

Senti o frio na espinha. Amorteci enquanto aquelas palavras entravam como uma faca afiada no peito. Eu morri com aquela verdade.

Questionei até onde o *direito* do meu cliente poderia interferir no *direito* de uma outra pessoa que também estava lutando arduamente pela vida. Contestei os limites da minha atuação e até onde seria tolerável respingar no outro. Percebi, da forma mais contundente, que uma decisão inconsequente pode desencadear implicações de relevância e sem volta. Foi o meu maior exemplo de êxito e fracasso.

Agora, com propriedade, sei que o trabalho do advogado precisa ser muito maior do que o olhar do cliente, porque na maioria das vezes, ele sequer tem ideia do impacto que certas ações podem acarretar.

Essa dimensão precisa ser bem avaliada por alguém que detém credencial conhecimento, ética e empatia, necessariamente.

E sobre a escolha?

Você deve estar se perguntando a quem foi concedido direito à vida.

Da força invencível daquele que atribui rumo dos acontecimentos, a sorte foi dessa vez, amiga. Em tempo, ninguém precisou escolher.

Empatia: tentativa de compreender o comportamento alheio se enxergando através da lente do outro. Parte dos grandes conflitos se resolveriam com este exercício.

5

ÊXITO E SUCESSO

Estude e vamos pensar na melhor maneira de resolvê-lo.

Esse foi o bilhete que encontrei na bancada de trabalho certo dia.

Minha sócia havia feito um pedido claro, e pelo volume de pastas e o desmaiado da cor dos papéis, concluí que era um processo longo e bem antigo.

Comecei pelo fim, como são lidos a maioria dos casos revelados em processos. A temática envolvia um cliente que tentava reaver o crédito com várias empresas devedoras.

O processo tinha chegado à fase de penhora de veículos, e a busca e apreensão já havia sido frustrada em mais de uma tentativa.

Você está lembrado que falei sobre um tipo de defesa que oculta patrimônio? Esse era um clássico caso de procrastinação processual. Os veículos já estavam com restrição de circulação, e nada de ninguém localizar o paradeiro deles.

Lendo aquele calhamaço, lembrei-me de um advogado que, certo dia, falava sobre um tal *"perdigueiro"* — no *juridiquês*, pessoa especialista em localizar bens circulantes penhorados. Segundo o livro das raças, dizem que os perdigueiros são cães dóceis e exímios farejadores — a doçura eu jamais experimentei!

Liguei para vários contatos na tentativa de encontrar tal especialista.

Ao receber a indicação de um nome, fechei rapidamente o serviço. Honestamente, ao conversar com o sujeito por telefone, não senti confiabilidade no discurso. Ainda assim, paguei para ver e, dois dias depois, ele telefonou dizendo que não havia sinal do veículo no local indicado.

Desliguei a chamada, mas não a minha intuição.

Não acreditei em nada que saiu daquela boca!

Rapidamente peguei a chave do carro e, enquanto expunha a minha suspeita para a sócia que me acompanhava, fomos até o Fórum solicitar um mandado itinerante para apreender os bens e levar conosco o oficial de justiça.

— Mas o perdigueiro não disse que o veículo não estava lá? — diziam em coro uníssono.

Escutei a narrativa enquanto meu instinto gritava: *ele não é confiável!*

Joguei as fichas na seguinte tese: enquanto pagava para o perdigueiro localizar o veículo, alguém pagava para que ele não fosse encontrado.

Então, tentando driblar a falcatrua, apostei que o veículo estava "seguro" no mesmo local que o expert disse que não estaria.

Assertiva, com o alvará em mãos e o oficial de justiça

a tiracolo, fomos atrás de um dos veículos. Dito e feito! A intuição se confirmava.

— De quem é este veículo?

— É meu — respondeu uma senhora com semblante espantado.

— Senhora, este veículo está penhorado, com restrição de circulação, inclusive, por ser a garantia de uma dívida de sua empresa. Viemos aqui para buscá-lo.

Enquanto o oficial de justiça prosseguia com o necessário, aquela mulher, em completo desespero, chorava pela perda do bem que, segundo ela, era utilizado para transportar mercadorias.

Passados 10 minutos que estávamos ali, o advogado da empresa chegou tentando compreender como aquilo havia acontecido. Tão surpreso quanto ela, ficou sem reação quando escutou...

— *Doutor, você me disse que ninguém viria aqui. Você me disse que o "cara" ia resolver isso!*

Naquele momento, a memória da minha menina de 10 anos insurgia com tudo, odiando advogados. Essa mulher, assim como meu avô, também fora uma vítima.

Enquanto soluçava, confessou que um homem havia a procurado um dia antes e que, prometendo despistar advogados, cobrou um valor para dizer que não havia encontrado nenhum veículo lá. Garantiu, na palavra, que ninguém jamais apareceria para buscar o bem. Verdade confirmada pelo advogado da empresa, que incentivou a fechar a *negociata*, e depois estava lá com cara de paisagem.

Que sucesso conseguimos atingir!

Estávamos felizes por termos conseguido localizar ao menos um dos veículos, mas não dava para sonegar o desespero daquela mulher que, apesar da circunstância, parecia ser pessoa de bem. Eu a entendia. Muito mais do que ela poderia imaginar. Ela reiterava, o tempo todo, ter seguido a orientação do advogado.

Essa é uma questão que obriga a filosofar. É fato que a maioria dos clientes não detém conhecimento técnico para falar em igualdade de condições com um advogado. E também é sensível fazer juízo de valor em apenas uma perspectiva. No entanto, vejo constantemente advogados cometerem atrocidades em processos que colocam seus representados em posições vulneráveis. Muitas dessas vezes, os clientes nem fazem ideia do que está acontecendo, a prejuízo dele próprio.

Esse modelo de atuação, contudo, também é reforçado pelo cliente que *"paga para não se incomodar"*. Assim, delegando poderes e importantes decisões, fecham os olhos para o que está acontecendo, como se o processo os protegesse de obrigações que foram assumidas de forma consciente e que geram consequências.

Por outro lado, a maior queixa das pessoas é o acesso ao advogado. O recado deixado para a secretária nunca é retornado. O advogado está sempre em audiência e qualquer outra demanda tem mais importância que a sua.

Entre o cliente desinteressado e o advogado inacessível, um esquema é retroalimentado e perpetuado por gerações.

Então, seria uma via de duas mãos o modelo mais adequado, na qual o advogado trabalha com o cliente e, por sua vez, o cliente sabe o que está acontecendo? Afinal, o resultado interessa a ambos, não é mesmo?

Agora o bem estava em nossas mãos!

Porém, só um veículo era insuficiente para saldar toda a dívida. Assim, dando crédito à verdade daquela senhora, pudemos compreender que, além de honesta, ela tinha uma relação com os outros devedores, pautada em lealdade. E foi, por meio dela, que fizemos a melhor das negociações.

Uma semana depois, estávamos assinando o acordo com todos os devedores daquele processo e, tão logo as primeiras parcelas foram pagas, o bem foi devolvido para que ela pudesse dar continuidade aos negócios da empresa, com a seguinte certeza: ninguém poderia levar o que era dela.

Foi a primeira cliente que conquistei.

Minha menina de 10 anos, agora acreditada, amava aquela mulher.

Você prefere prevenir ou remediar?

A advocacia combatente atua em questões conflituosas instaurando o embate judicial. No fim, quem decide é o judiciário.

A advocacia consensual evita o embate judicial e organiza questões conflituosas com a participação das partes, de forma ágil, discreta e autônoma. Aqui quem resolve o conflito são as partes.

6

DIREITO DE FAMÍLIA E NÃO LITIGÂNCIA

Entre sucessos e dissabores, os anos foram passando enquanto me perguntava se eu era tudo que podia na advocacia.

Aquele modelo acomodado da fase escolar não cabia mais.

Adulta e detentora da autocrítica, já era madura para identificar o descontentamento com a minha *performance*.

A falta de autonomia me desassossegava, assim como a forma que a advocacia era vista pelos outros.

Consciente de que, em muitos casos, o estigma não era obra do acaso, perpetuar aquele modelo era o que eu não queria.

Reconheci: seria necessário uma grande guinada.

Naquela fase, eu e meu marido decidimos ter filhos. Com a chegada das crianças, a demanda da maternidade abriu meus olhos para uma realidade: eu não estava mesmo feliz com o trabalho que fazia.

Estar longe deles para me dedicar ao que não me realizava, era como não honrar o tempo que não volta, tanto para meus pequenos, como para a profissão. Cheguei a pensar em desistir.

Por que eu não cursei psicologia?

Essa era uma pergunta presente naquela ocasião.

Há uma forte tendência de olharmos para traz buscando respostas para nossas inquietudes e desconfortos em cenários conhecidos, aparentemente mais seguros.

Eu me lembrava do teste vocacional e da escolha consciente, mas o descontentamento colocava em risco a minha própria credibilidade.

Um dia, sentada ao pé da cama ainda bagunçada, em uma manhã linda de sol, eu estava completamente sem vontade de trabalhar. As crianças demandavam mais do que eu poderia imaginar e o tempo que passava no escritório era insuficiente para concluir as minhas obrigações. Eu via o trabalho como um fardo.

A lista de prazos dos processos me tirava o sono nas poucas oportunidades nas quais a mãe de dois pequenos tem para dormir. Era acúmulo de cansaço e de trabalho. A entrega para a sociedade estava comprometida e eu já estava ao ponto de achar que não era boa em nada do que eu fazia.

Me questionei, saindo da posição de Niver, para a de espectadora.

Em muitas oportunidades, me via da plateia. Ria com as situações ridículas que eu mesma me colocava. Aplaudia a articulada saída da saia justa que por vezes vestia, tecia críticas e também levantava a mão para perguntar.

— Niver, o que você gosta no direito afinal?

— O que você não gosta?

— Em qual cenário você se vê feliz?

— Quais são as suas habilidades?

— Por que a psicologia não sai da sua cabeça?

A sabedoria não está necessariamente nas respostas. Nesse caso, estava nas perguntas certas.

Um beijo para Sócrates, eu teria advogado por ti!

Foi respondendo aos meus próprios quesitos que comecei a construir as bases de um novo modelo de trabalho, lapidando uma imagem e moldando um perfil profissional. A vivência, mais uma vez, me ajudava a visualizar o caminho, enquanto estruturava internamente a mudança.

— Queremos nos casar!

Um casal de idade, divorciado há um ano, sentados lado a lado, de mãos dadas, esboçavam a vontade que vinha em meio as lágrimas. Envergonhados, começaram a explicar:

— Tivemos que nos separar para proteger o patrimônio que será dos nossos filhos. Trabalhamos muito para conquistar um pouco de conforto, mas um dia, chegou a conta de um processo indenizatório e saldar aquela dívida colocaria em risco tudo o que tínhamos. Fomos orientados a defender nossos quinhões e o divórcio foi a solução.

— E o processo, chegou ao fim? – perguntei.

— Não, mas desde que nos divorciamos no papel, nunca mais fomos os mesmos.

Enquanto o companheiro chorava, a mulher falava:

— Sabe, eu não acho justo termos que pagar a conta de um processo cheio de inverdades e, por isso concordamos em defender ao menos a metade do que construímos a vida toda. Mas quando nos casamos, juramos para Deus amor eterno, companheirismo na doença, na saúde, na riqueza e na pobreza. Eu prefiro perder tudo a ficar separada, ainda que apenas no papel.

— Se for para continuar separado, eu prefiro morrer — o homem complementou.

A técnica processual garantiu a preservação do patrimônio, mas trouxe a dor de enorme dimensão que extrapolou a zona de tolerância emocional do casal e os limites daquela demanda.

Foi nessa hora, que o propósito me encontrou.

Foi amor!

Eu buscava uma relevância. Desejava fazer alguma coisa significativa e diferente com tudo o que havia aprendido. Procurava caminhos que não dependessem da batida de um martelo mágico ou da exposição de fatos da vida privada que mais machucam do que esclarecem.

Compreender o comportamento humano me interessava muito. Saber manejar determinadas personalidades era uma habilidade inata aprimorada ao longo da exposição dos casos. As lições apreciadas ao longo da vida me mostraram por qual razão eu nunca havia me interessado pelos estudos.

O meu aprendizado foi empírico!

Assim, baseada em experiência, respeitando o que era habilidade em mim, que construí a minha felicidade — saindo da culpa para a responsabilidade.

Eu não sonhava mais com a escola, afinal, havia encontrado o meu próprio valor.

Eu não era mais a medíocre.

Mudei de rumo!

Nem predador, nem inseto nem parasita.

Advogada Familiarista Consensual.

Eu, no meu propósito, bem vestida de mim.

Quando a separação é inevitável, embora seja um passo sofrido, pode ser conduzida de forma **consensual.**

Esse é um desfecho **possível** quando o casal e o advogado direcionam o foco no propósito de proteger os **vínculos** e a família em **harmonia.**

7

HARVARD:
A CHANCELA

"Dear NIVER,

It is our pleasure to welcome you to Harvard Business School's HBX[5]*"*

Eu mesma não podia acreditar!

Após um convite irrecusável e o incentivo incondicional da minha rede de apoio, lá estava eu diante de um e-mail que mudaria os rumos da minha vida.

Ao acessar a plataforma do curso de negociações da escola de negócios de Harvard pela primeira vez, me deparei com colegas do mundo inteiro que, de forma virtual, estavam entusiasmados para submeterem-se à incrível experiência que estava por vir.

Ao contrário do que eu sentia quando estava na escola, desta vez, me via completamente inserida naquele contexto.

Foi impressionante perceber como o mundo se encaixa em nossos pés quando encontramos algo que conversa diretamente com o nosso propósito!

---

5   Tradução: "Cara Niver, é um prazer recebê-la no HBX da Harvard Business School".

Não é por acaso que o curso de negociações de Harvard é considerado o melhor do mundo. Desde o primeiro momento, a magnitude do conteúdo e de seus desdobramentos práticos é visível. O objetivo é aperfeiçoar a performance dos profissionais individualmente, para que se tornem melhores negociadores. E isso fez toda a diferença!

À medida em que conseguia me ver, da plateia, no desfecho das negociações em que era submetida, percebi que sempre agi por instinto e que a habilidade inata era naturalmente exercida, agora, no lugar que passei a ocupar e a amar verdadeiramente.

Com Harvard, aprendi a nomear o que eu fazia, respeitando o tempo, criando oportunidades e dominando técnicas. Passei a ver a empatia como a mais potente das ferramentas.

Concluí, pela exposição dos *experts* do mundo dos negócios, que se a maioria dos problemas envolvendo grande fortunas ou corporações são resolvidos fora do judiciário, pela intervenção de grandes negociadores, por que então submeter a confidencialidade da vida conjugal e a vulnerabilidade dos menores a uma demanda judicial, lenta e massacrante?

Recebi aquele diploma com a certeza do merecimento. Harvard aprimorou minhas habilidades e sua robustez me ajudou a consolidar a imagem profissional que eu desejava carregar.

A crescente escolha da conciliação para resolução de conflitos é uma **revolução.**

As pessoas mantêm a autonomia e decidem o desfecho de suas próprias histórias.

8

A ATUAÇÃO

Há pouco tempo, passeando pelo *feed* do Instagram, me deparei com a foto de uma jovem família.

O casal abraçava e beijava o rosto da filha que, por sua vez, fechava os olhinhos de tanta felicidade. Comemoravam juntos o aniversário da menina.

Mais do que uma foto digna de publicação, era o retrato de toda uma história.

Aquele casal havia enfrentado um processo de divórcio há cerca de dois anos e, como esperado nos grandes conflitos familiares, sentiam e exalavam o alto nível de estresse. Assessorei uma das partes e, ao estabelecer o diálogo como base para a negociação, homologamos um acordo bom para todos — sobretudo para aquela pequena menina tão envolvida.

A foto harmoniosa era o reflexo de uma família feliz.

A dupla não vivia mais a conjugalidade. Viviam um novo modelo adaptado ao compartilhamento dos deveres e prazeres das escolhas conscientes do passado.

Bem verdade que teve muita dor no processo de desatar o casamento, mas eles haviam se submetido confiando no trabalho que os levaria a uma melhor condição.

Enquanto tratávamos dos assuntos jurídicos, abraçávamos com sabedoria os assuntos emocionais, medicando a ferida profunda até o cicatrizar.

Não trabalhei só. Do outro lado, alguém com a mesma empatia olhava para aquele trabalho com o amor que eu sentia. Esse foi o meu troféu.

Eu sei trabalhar sozinha, gosto de conduzir os assuntos tendo a certeza de que conheço a verdade de cada lado, sem passar nada desapercebido. Com habilidade para me envolver sem pender a balança, vou identificando limites, alinhando os interesses e conduzindo com cuidado para evitar respingos. Penso muito nas crianças, nos parentes, nos amigos. Em toda a extensão da família.

Quando encontro um colega que trabalha com o mesmo propósito, acomodo a minha alma.

A grande dificuldade não é trabalhar com o divórcio dos clientes. O maior dos desafios é trabalhar com os advogados.

Generalizei, eu sei — mas o intuito é fazer um chamado à reflexão baseada na evidência, protesta.

— Bom dia, doutora Niver! Sou colega e vou representar o marido da sua cliente.

Esse era um novo caso que eu havia iniciado.

A mulher, tão triste e vulnerável, lamentava o fim da relação acreditando que a culpa era dela. E, naquela versão, o marido havia a deixado por outra. Escutando atentamente, pude compreender o contexto e, gradualmente, montei o cenário na imaginação.

Na primeira reunião com o advogado, combinamos

verbalmente que não mediríamos esforços para levar a dupla a um acordo sobre as divergências sobre o patrimônio, os filhos e as obrigações decorrentes da separação. Confesso que o trabalho não fluía tão bem. Era muito difícil conversar com aquele profissional. Parecia que ele só queria ganhar tempo. Era a intuição sussurrando em meus ouvidos.

Na negociação, volta e meia surgia a ameaça da ação litigiosa. Funciona mais ou menos assim.

— Se meu cliente não aceitar estas condições, seremos obrigados a discutir no judiciário.

Como se o judiciário fosse o portal da felicidade para aqueles que suplicam qualquer pedido sem base. A lógica do *"quem entrar primeiro leva."* Que ingenuidade! Nunca encarei como uma ameaça. Encaro como despreparo.

Esse não ameaçou, apenas se valia de novas objeções enquanto as antigas eram contornadas e, assim, sucessivamente. Até o dia em que enviou o número da ação litigiosa arquitetada enquanto estávamos em pleno procedimento de conciliação.

Era a deslealdade no relacionamento sendo repetida na representação. Advogados mordendo tubarões? Não! Só alguém querendo delegar a solução.

Foi uma surpresa? Obviamente não. A vantagem na perda do colágeno é experiência! Ele até podia acreditar que corria na frente, mas ao prejulgar a conversa mansa e a gentileza, se enforcou na própria corda. Ao ajuizar a ação, com uma decisão liminar do juiz que era experiente, acabou por engessar toda a sua atividade econômica. Ao longo da negociação, estudei as fragilidades e montei o cenário também nessa situação. Não havia o que garantir com a propositura de um processo.

Antes mesmo da audiência de justificação, manso, voltou para assinar o acordo.

Uma das ferramentas da negociação é o estudo das possibilidades em várias perspectivas. Eu não litigo e não incentivo que o cliente com problemas familiares delegue ao judiciário a decisão. O processo litigioso leva tempo e desgasta todos os envolvidos, principalmente as crianças. Já o acordo não é sinal de fraqueza, como muitos tendem a pensar, mas de interesse das partes em preservar a família, exercendo total autonomia no processo.

Quando o divórcio de um casal com filhos é inevitável, a família não termina, se reconfigura.

Lembre-se: *os filhos só podem ser crianças quando os pais são os adultos*[6].

Acompanho, realizada, o desfecho de histórias da vida real, dramáticas e dolorosas, de pessoas que se descobrem capazes de superar a dor da perda do parceiro, para viver em harmonia por eles e para a criação dos filhos.

---

6   Stephan Hausner.

O divórcio é desafiador, mas **não precisa ser uma batalha.**

O primeiro passo é **acolher** e **normalizar** a separação como um **processo de dor.** É viável viver essa fase respeitando o pesar e optando por não usar o arsenal bélico fartamente ofertado sob a promessa de redirecionar a dor deixando que um terceiro faça justiça.

9

A IMAGEM

Não mencionei que meu nome reforçava a birra com a escola.

Acredito que agora você já esteja mais habituado, mas ao escutar NIVER pela primeira vez, deve ter entrado em parafuso.

— *Livia?*

— *Nivia?*

— *River?*

— *Ah! Niver, de aniversário?*

Já escutei tanta coisa!

Hoje até meus filhos se divertem com as diversas nomenclaturas atribuídas a mim. Eles ficam sempre atentos, com gargalhada preparada, prontos para o que está por vir.

Na escola, no entanto, eu tinha um certo trauma. O primeiro dia de aula era o pior. A professora, sentada em sua cadeira, sendo familiarizada à turma e atenta ao nome de cada um na ordem alfabética da chamada... Quando chegava no "M", eu fechava os olhos, engolia com a saliva a vergonha típica de uma criança de 6 anos, me preparando para ser a *chacota* da turma enquanto ela — duvidando do que lia — parava tudo para perguntar se o meu nome estava certo.

— Niver? É isso mesmo? Está certo? Niver de aniversário? Que diferente! — *Professoras, eu aqui faço um apelo. Por mais excêntrico que seja o nome de uma criança, acreditem, ela nunca está preparada para explicar a origem ou o propósito dos pais na liberdade de escolha do nome dos filhos.*

E foi de pequena, confrontando minha própria vergonha, escutando risos e piadas, que aprendi a sustentar o meu Niver.

Hoje eu me divirto com a dificuldade que as pessoas têm em acertar um nome tão singelo e curto. E, para completar, o meu par carrega um nome diferente, assim como eu. Compartilhamos precocemente a necessidade de aprender verdadeiramente a sustentar um nome, ao passo que compartilhamos com bom humor, além da vida em conjunto, as histórias engraçadas do nosso passado.

Não guardamos traumas, mas na dúvida, nossas crianças receberam nomes bem normais.

O nome que antes me fazia experimentar um certo sentimento de intimidação, hoje alicerça o meu *branding* pessoal, e a ousadia dos meus pais acabou por me desafiar a encarar o diferente. E do meu, tão particular, nasceu a minha marca, que expressa o movimento linear e suave de dois pontos que podem tanto se afastar como se unir — mas que jamais saem do prumo.

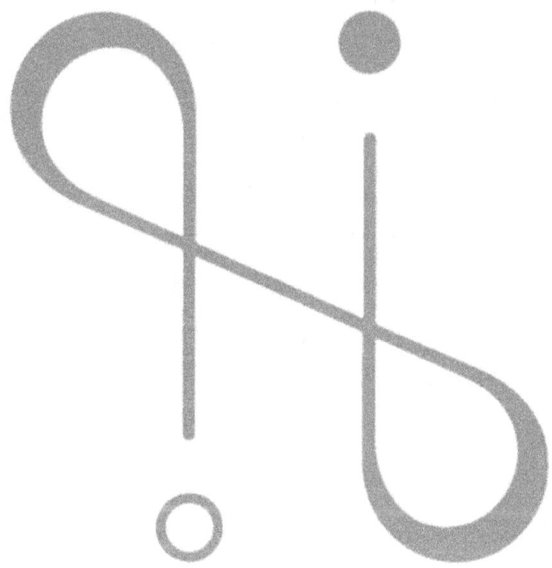

Longe de pretender abordar as minúcias ou aspectos culturais típicos do sistema forense, apenas reconhecendo que a figura — estereótipo — do advogado ainda parece seguir a influência do sistema moderno para 1970, quem se aventura, acaba por ser exceção.

Nessa perspectiva e tendente a mudar o rumo — tudo, em busca da satisfação profissional —, embarquei integralmente no atípico para alçar voo quase solo no mundo do direito. Hoje vejo mais adeptos ao modelo afunilado de oferta de um serviço diferenciado que privilegia a capacidade que as pessoas têm de resolverem os próprios problemas. Claro, muito bem amparadas, esse modelo conduz e privilegia a autonomia.

Nessa conexão com o cliente, a imagem é o que de cara acaba aderindo, ao menos em um primeiro contato.

Existe um regramento pelo código de ética da OAB, e com ele algumas vedações em relação à postura do advogado ao ofertar o trabalho. Contudo, se considerarmos todas as mudanças decorrentes da evolução humana, tecnológica, comportamental, política e histórica —, recebemos um convite a participar de uma realidade.

Agora, a forma livre de expressão de cada profissional é compatível com o tipo de cliente que ele cativa — e isso é legal demais!

Enquanto alguns avançam com passos tímidos, outros expõe realidades que repercutem.

Lembro-me de ter participado de uma reunião que falava sobre *startups*. O anfitrião convidava o advogado de uma empresa de tecnologia para falar sobre um caso de sucesso. E eu, atenta a tudo enquanto aquele rapaz de calça jeans rasgada, camiseta amarrotada e cabelos por pentear, mostrava a naturalidade com que podia se vestir, já que trabalhava com o público vanguarda.

Falava ele:

— *(...) Eu estava negociando com um grupo econômico muito importante que queria contratar o meu serviço, pela experiência que eu tinha também em fusões e aquisições. Eles eram bem clichês, uns caras super inflexíveis e o que eles gostaram em mim, foi a postura irreverente que mostrava a realidade do mundo da tecnologia. Então, no dia mais importante, me vesti de advogado e fui para a negociação. (...)*

Enquanto tachava de "caretas" as pessoas com quem negociava, acabava por assumir que o jeito irreverente servia até a porta da mesa de negociação, se curvando a necessidade de impor formalidade para ser digno de apreciação.

Ele não se deu conta do que disse, mas eu sim! Voei naquele momento, imaginando aquele garoto, vestido de terno, dizendo:

— *Data maxima venia*[7], *bis in idem*[8], *periculum in mora*[9], *mutatis mutandis*[10] *e egrégias*[11].

Extraí daí a máxima: em meio à diversidade, entre ternos, decotes, dancinhas, rimas, seriedade e descontração, a linguagem é o que agrega, conecta e acolhe.

No *Control-C + Control-V*[12], também se chega, mas talvez não tão longe.

---

7   Com o máximo respeito.
8   Repetição de uma sanção sobre um mesmo fato.
9   Perigo da demora.
10   Uma vez efetuadas as necessárias mudanças.
11   De extrema importância, nobre.
12   Comando de cópia em um computador.

Passei a sustentar o nome, a postura, a ideia e a liberalidade. Enfim, criei a minha marca pessoal.

Bem, e se o objetivo é conquistar clientela, sabendo que a maior parte da população não entende bulhufas do velho *jurisdiquês*. Ser acessível é bem mais que estratégia.

Não pensem que o latim caiu em desuso, porque vira e mexe me deparo com frases que ainda me fazem refletir. Pela impessoalidade e certeza de que a codificação será compreendida por poucos, me questiono se o interessado deve ser excluído desse processo de imersão na técnica que esboça sua própria vida.

Leia essa...

Os nubentes[13] contraíram núpcias, no entanto, a varoa[14], com animus leadente[15], ainda com o nascituro[16] aos braços, exigiu ao cônjuge varão[17] que lhe concedesse o divórcio.

A comunicação é ferreamente indispensável e se fazer entender é mesmo uma arte. É por meio da fala, do *networking*, que conectamos e construímos relacionamento. Então, se fazer entender é parte do processo do aperfeiçoamento de um bom profissional.

Eram jovem e se casaram, mas ela, ainda com o bebê recém-nascido aos braços, fragilizada (aqui a minha intuição), *decidiu pelo divórcio.*

Eu me divirto neste mundo das frases!

---

13   Que ou quem está prestes a contrair matrimônio

14   Mulher vigorosa, heroína.

15   propósito de ferir, de atingir.

16   diz-se de ou o ser humano já concebido, cujo nascimento é dado como certo.

17   Indivíduo adulto, do sexo masculino. Corajoso, viril e digno de respeito.

As pessoas constumam se comportar de forma hostil diante de novas ideias ou criações, mas é só arriscando no novo que se conquista **autoridade.**

10

O SUCESSO
DO CLIENTE

Este livro é baseado em uma mescla de histórias que preservam as pessoas e suas verdades.

O requinte e os desdobramentos, conectam pela similaridade que talvez você encontre nas suas próprias vivências ou relatos de pessoas próximas.

A sublime verdade é que foi, por meio delas, que me tornei uma profissional, consciente da valiosa incumbência que é solucionar questões alheias enquanto acomodo, com gentileza, a dor que acompanha a maioria delas.

Dizem, os que me acompanham, que imersa nos casos, pareço perpetuar um certo esquema de auto escassez emocional, e sem questionar ou aprofundar a técnica, ouso assegurar que é com base nisso que vejo a problemática dos outros sempre como prioridade. Me dedico à solução com compromisso, mas também encaro como oportunidade de aprendizado e lição.

Muitas vezes, ao encarar as peculiaridades que levam à crise, contemplo a minha própria vida e, em tempo, reparo qualquer avaria que poderia desencadear instabilidade ou problema.

Então, talvez a consequência do que poderia ser um transtorno, é a forma de aprendizado pelo estímulo com oportunidade de reinventar.

Assim, aconteceu com a verdade que eu projetava sobre os advogados. O estigma foi, aos poucos, substituído pela oportunidade de escrever a história de um profissional com propósito, que jamais se sobrepõe aos interesses dos seus clientes.

— Quero o divórcio, mas meu marido não concorda. Ele disse que se insistir nisso, vou ficar sem nada e que ele vai tirar nosso filho, porque não terei dinheiro para bancar nem o supermercado. Eu não quero brigar, só quero resolver e seguir o meu caminho.

Quando passei a desenvolver esse modelo de trabalho que objetiva a autonomia e articula a representação imparcial, olhando sempre para os dois lados, via uma certa resistência das pessoas em acreditar que eu manteria a posição condescendente, mesmo mergulhando na particularidade da vida privada. Com a vivência, adquiri desenvoltura e equilíbrio emocional para me envolver sem desequilibrar. Essa postura é um ativo intangível de um bom *branding* pessoal.

Entrei em contato com o *marido* da cliente para me apresentar e propor a representação conjunta. Dias após, verbalizou que poderia ser interessante, aceitando a proposta.

A história desse casal parecia complicada, mas ao escutá-los isoladamente, não havia divergência nas questões práticas que o procedimento consensual resolveria.

A dor era pela frustração de vê-la ir embora. Ele reconheceu que ela tinha direitos e que o término do casamento não colocaria fim na família. Mas no processo do luto que ele ainda vivia, vez ou outra, experimentava a raiva.

Encaminhados para a construção do acordo, ele jamais questionou sobre a guarda compartilhada dos filhos, assim como não se opôs ao planejamento de convivência de forma equilibrada que reforçaria os laços de afetividade das crianças com cada um deles.

Estava tudo pronto.

— Posso mostrar o acordo para o advogado da minha empresa? Ele me acompanha há anos e eu ficaria seguro com o ok dele.

— Evidente! — respondi.

Dois dias se passaram e a ligação do advogado vem:

— Doutora, a partir de agora, eu represento os interesses do meu cliente. — Na sequência, ainda perguntou se haveria oposição da minha parte.

— Claro que não. Será uma satisfação trabalhar em conjunto. Ele confia em você — esclareci prontamente.

Então, enviei a minuta em formato editável para que o advogado pudesse sugerir alterações que julgasse conveniente.

No dia seguinte, a proposta alterada veio por e-mail, com palavras inseridas quase que sorrateiramente no meio do texto que eu havia redigido, mas que mudavam todo o contexto.

— Niver, sempre confira a redação das petições na

integralidade. — Essas foram as orientações que recebi ainda nos primeiros dias na defensoria.

Ao ler a primeira frase, encontrei o propósito.

— Guarda Unilateral em favor do pai? — Li em voz alta o texto daquele que joga com a dor do outro.

Gentilmente, sugeri que fizéssemos uma reunião conjunta, sem falar nenhuma palavra sobre o que eu havia lido.

No dia marcado, todos chegaram dispostos a assinar a tal minuta. Pedi licença para me direcionar aos dois clientes e, na frente do advogado, perguntei:

— Vocês estão dispostos a negociar com a saúde emocional dos filhos de vocês? Eles representam moedas de troca?

— Não! Claro que não! — Foi a resposta de ambos, quase sem entender o que estava acontecendo.

Na primeira oportunidade que tive de escutá-los, entendi que a guarda dos filhos não era algo negociável porque ambos reconheciam a necessidade do dever e da responsabilidade compartilhadas.

— Certo? Então, se nenhum de vocês representa risco para os filhos, se eles não serão a moeda de troca, podemos seguir adiante para tratar as divergências que restam a compor, reconhecendo a guarda compartilhada entre vocês?

— Mas é logico! Não é isso que está escrito aí? — perguntaram quase que ao mesmo momento.

Imagine a reação daquele advogado!

Ele fulminou e se calou até o fim da reunião, enquanto

ponto a ponto íamos alinhando os interesses dos clientes que tiveram a oportunidade de esclarecer e reforçar o que queriam. Restava apenas o período da pensão que seria destinada à mulher, ainda que de forma transitória.

No dia seguinte, e nos outros que se sucederam, o advogado trazia objeções que não faziam sentido. Reconheci que o profissional estava incomodado comigo e que isso poderia colocar em risco o acordo entre os clientes.

Para resumir, me retirei da atuação, ficando apenas nos bastidores. O acordo foi assinado. Os termos eram os mesmos da primeira minuta redigida por mim, mas a logomarca que encabeçava a petição era outra, que abarcava não só o visual, mas o ego que poderia ter colocado aquela família tão coerente em um lugar verdadeiramente hostil.

Privilegiar o interesse das pessoas, zelar pela saúde emocional da família, oferecer ambiente neutro para os envolvidos, criar oportunidades e resolver sem criar problemas. Essa é a bandeira que um bom advogado familiarista precisa levantar e sustentar.

A protagonista é sempre a família!

Apesar das aparentes similaridades entre os relacionamentos, a problemática envolvida em cada um deles é completamente distinta. Nenhum caso é igual, essa é a verdade.

Por isso, não vejo outra possibilidade para a advocacia a não ser oferecer um serviço de extrema personalização.

Cada caso precisa passar pelo filtro da sensibilidade empática do profissional que tem experiência para acolher as peculiaridades que fazem parte desse universo traduzido na complexidade humana.

E, se no trabalho, assim como na vida, a única certeza é a imprevisibilidade do amanhã, a expertise ensina a prognosticar eventualidades e seguimos, portanto, montando múltiplos cenários, com o objetivo de aprender a desenvolver recursos de segurança para o cliente. Ele, de olhos fechados por conta da dor que vive, de mãos dadas como o advogado, embarca na balsa que o transporta à solução.

Um trabalho bem singelo.

Essa é a forma como muitos profissionais da área do direito interpretam a conciliação.

Mas não se engane, a atuação sofisticada, no manejo embalado em delicadeza, mantém em sigilo uma atuação bastante ativa, cirúrgica e atenta a todos os movimentos do conflito. *Todos mesmo*, essa é a grande diferença.

Não importa se o advogado trabalha para as duas partes ou partes distintas. O trabalho eficaz preconiza os interesses, vulnerabilidades e segredos dos dois lados. É preciso saber o que está em jogo, o que é vontade de cada um e o que é inegociável. Se o advogado tiver a capacidade de identificar esses parâmetros, conduzirá a problemática a uma solução rápida e eficiente. Eis o segredo.

Mas a ironia é a constatação de que a maior dificuldade, não é o manejo do conflito dos clientes, é a postura que coloca em risco a cooperação, a lealdade profissional e o sucesso da negociação que privilegia as partes.

O sucesso do cliente é a harmonia da família. Não se engane, quando uma relação acaba, a família não termina, apenas reconfigura, como já registrei anteriormente. E, nessa reconfiguração, quanto mais engajamento no propósito da conciliação, maior é a probabilidade de que o conflito seja resolvido com menos dor e menor impacto.

Tratar sem superioridade, com gentileza, técnica e responsabilidade a dor e o problema que nos é confiado é valorizar a extraordinária oportunidade de construir **vínculos de confiança.**

11

COMO ENCONTRAR O MELHOR PROFISSIONAL

Está claro: assim como em outras áreas do conhecimento, o advogado se torna experiente quando é submetido verdadeiramente às situações que proporcionam crescimento profissional e pessoal. É necessária a plena compreensão das necessidades alheias para contemporizar e resolver as situações de crise, especialmente nas relações familiares.

Não basta procurar no *google* o advogado 5 estrelas.

Quando precisamos de um bom profissional, a **indicação** tem especial peso. Seja ele um médico, um psicólogo ou um advogado... Ela é extremamente valiosa. Pedir e receber sugestões de pessoas que são referência, é o primeiro passo para encontrar um profissional que suprirá as expectativas enquanto cliente.

Não é prudente acreditar que profissionais multitarefas possam dominar com excelência todas as matérias a que se dedicam. Então, a tendência é que quanto mais afunilado for o nicho, mais habilidade o profissional detém.

Antigamente, o médico de confiança era o profissional que tratava de absolutamente tudo. De pediatra a geriatra, não era só a figura confiável, desdobrava-se entre aconselhamentos, tratamento de doenças leves, graves e fatais. Hoje o médico de confiança é especialista em medicina da família, focado na prevenção, por conhecer a fundo seus pacientes. Quando necessário, faz a recomendação de especialistas.

No direito é a mesma coisa. Lá atrás, o advogado de confiança desenvolvia o mesmo papel e, conhecedor, mesmo que de forma superficial, era aquele que representava todos os problemas de toda a família e ainda aconselhava.

Atualmente, se o assunto for relacionado a funcionários ou empregadores, o especialista é o advogado trabalhista. Se o assunto for relacionado a falha na prestação de um serviço, então o especialista precisa dominar direitos do consumidor. Se o problema for um conflito familiar, então um advogado é o *familiarista*. O **expert é referência** naquilo que faz e geralmente está no topo do seguimento porque detém conhecimento e capacidade intelectual e técnica.

A **forma de atuação** é importante e não se engane! No caso da conciliação, alguns ventilam a ideia do consensual, embarcados no crescente movimento humanizado, enriquecendo o pacote de serviços. É a captação na boa fé que, na primeira dificuldade, se torna a mão que acende o fósforo na boca de fogo da artilharia.

O processo contencioso organizado à sombra da bandeira branca, é o despreparo que macula a reputação do advogado esperto que abocanha por prazer. É a conduta que deixa vivo e estigma do advogado parasita, alicerçado nas más condutas. A lealdade é a espinha dorsal que diferencia as boas das más posturas profissionais.

— Excelência, eu não disse isso! — a cliente contradizia o advogado.

— Mas é o que está escrito aqui. A senhora não leu a petição? — questionava o juiz.

Às vezes, o desavisado não é só o outro advogado!

Vergonha alheia, exemplo que clama a transparência na atuação. Nos conflitos familiares a **transparência** é inegociável, ainda mais na representação que resguarda interesses da família. Não importa se o procedimento é consensual ou está submetido à máquina inflada do judiciário. Saber o que está acontecendo é manter nas mãos a gestão dos assuntos particulares. O que se delega é apenas a representação, consciente de tudo que é tratado ou resolvido.

Nada passa desapercebido.

Indo além, assim como um psicólogo que conhece e trata do comportamento do ser humano e de suas interações com o ambiente físico e social, aquele que busca esse profissional, busca **conexão**. É por meio de uma boa e fluida ligação, que se sustenta o vínculo que torna essa relação bem-sucedida. O objetivo é conhecer a origem e tratar o trauma, entender o próprio comportamento, construir e aperfeiçoar ferramentas para que o paciente tenha recursos para viver de forma emocionalmente saudável.

Na advocacia é a mesma coisa. Muito além de resolver um problema que está instaurado, o caminho para a solução pode se tornar o instrumento que acautela problemas futuros. É o manual da prevenção. Mas para que seja possível aproveitar o recurso, é necessário que o cliente se interesse por conhecer o método. Isso só acontece quando há **conexão**. Ele confia, conecta e delega.

Mas aqui, a maior queixa:

— Não entendo uma palavra do que o meu advogado fala!

É na linha que concede chance para a conexão, essencial para a excelência no desempenho de uma função tão importante, está a vontade de ser entendido. Advogados podem validar o intelecto escrevendo em latim, mas o cliente precisa mesmo é saber exatamente sobre o que o advogado está falando.

O **profissional acessível** na linguagem é o advogado quer se fazer compreender. A disponibilidade em atender o cliente também é a marca que define a linha na atuação. Como escreveu Drummond:

"As academias coroam com igual zelo o talento e a ausência dele".

A narrativa desse livro ilustra que a titulação e a capacidade técnica habilitam a exercer a profissão, mas isso não basta por si só. Ainda não somos máquinas de encaixar vidas na letra fria da lei. É na humanidade do profissional, no autoconhecimento e no aprimoramento de suas habilidades naturais e na conduta alicerçada em ética e interesse genuíno no cliente que surge o bom profissional.

Entre exemplos, metáforas, tubarões e parasitas, o melhor advogado é aquele que conecta, que fala a língua do cliente que acumula experiência pela exposição. Aquele que, de forma transparente, acessível, imparcial e empática, conduz ao melhor desfecho para você.

Esse é o modelo do advogado 6 estrelas que você procura!

AGRADECIMENTOS

Ao maior incentivador, companheiro da vida, parceiro na criação dos nossos preciosos filhos, meu amore. Obrigada por permitir me ver melhor através do seu olhar!

Agradeço à família consanguínea, à família por convenção e aos amigos que são a família que o tempo me permitiu escolher — pelos ensinamentos, pela paciência, pelo incentivo, pelo colo, pelas risadas, pelo choro e pelos aplausos, obrigada! Vocês são parte de mim.

Agradeço ainda à cada pessoa que tive a oportunidade de tocar, seja pelo propósito do meu trabalho, pela afinidade ou por esbarrão. Ninguém entra em nossas vidas por acaso. Acredito na máxima: quem não é presente, é lição.

SOBRE A AUTORA

Niver nasceu em Caxias do Sul, Rio Grande do Sul, em 12 de outubro de 1976. Libriana e observadora, sempre foi movida por interações sociais. Pouco entusiasmada com o estudo na adolescência e sem ambições acadêmicas, atingiu a maturidade profissional com a vivência e a verdadeira exposição aos problemas alheios. Esses casos, trata com determinação, carinho e equilíbrio. A realização como advogada aconteceu com a ressignificação e o foco no direito de família consensual, 100% amigável, bandeira que levanta por liberdade e plena convicção. Harvard é a instituição favorita pela arte em ensinar a nomear, potencializar e aperfeiçoar habilidades naturais individuais, que são as verdadeiras qualidades dos novos profissionais de excelência. Artigos publicados, entrevistas em jornais e televisão, aulas e palestras em universidades do país, foram consequência do trabalho diferenciado na advocacia vanguarda de ampla abrangência, e por verdadeiramente querer se fazer entender. Este livro é sua primeira obra.

Contato: www.nbaadv.com.br

niver@niverconciliacao.com.br

Instagram: @niver.concilia

www.ingramcontent.com/pod-product-compliance
Lightning Source LLC
LaVergne TN
LVHW010457200726
843506LV00002B/136